知っておきたい障がいのある人のSOS・・・別巻

被災地の人のSOS

著者 ◆ 河東田 博

ゆまに書房

もくじ

1. はじめに ・・・・・・・・・・・・・・・・・・・・・・・・・・・ 4

2. 障がいのある人は「陸前高田」をどう描いたか？・・6

3. 被災した障がいのある人たちの今は？・・・10

4. 障がいのある人たちからのSOS ‥‥‥ 14

5. 障がいのある人のSOSを減らすために ‥‥ 29

6. おわりに ‥‥‥‥‥‥‥‥‥‥‥‥‥‥ 33

※本書の内容は、すべて刊行当時のものです。

1. はじめに

わすれないで！ 東日本大震災(だいしんさい)

被災(ひさい)する前の陸前高田市(りくぜんたかた)・高田松原(たかたまつばら)のようすを見てみましょう。
この絵を見て、どう思いましたか？考えてみましょう。

▲ 被災する前の高田松原

障がいのある人たちも、被災地でたくさんくらしていました。被災した地域は、数えきれないほどたくさんあります。この本では、岩手県陸前高田市をとりあげてみたいと思います。

被災した後の高田松原（奇跡の一本松）▶

被災した後の陸前高田市・高田松原のようすを見てみましょう。
この写真を見て、どう思いましたか？
何を感じましたか？ 考えてみましょう。

2. 障がいのある人は「陸前高田」をどう描いたか？

家も絵もすべて津波に流された！

コミュニケーションをとるのがむずかしい田崎飛鳥さんは、埼玉県新座市から1993年に陸前高田にやってきました。絵を描くのが大好きな飛鳥さんに、空気のよい、おだやかな、東北のリゾートとも言われる母親の生まれ故郷が最適だと考えたからです。

ところが、東日本大震災の大津波の被害にあい、家もアトリエも、200点近い絵も、絵を描く絵筆も道具も、みんな流されてしまいました。知っている人もなくなってしまいました。

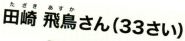
田崎 飛鳥さん（33さい）

飛鳥さんは避難所に移り、みなし仮設住宅にはいるなど、たいへんな思いをしいられました。ふさぎこみ、絵を描く気持ちにもなれませんでした。そんな飛鳥さんに、まわりの人たちが、絵を描くスペースを確保してくれ、絵筆も、絵の道具もそろえてくれました。両親のはげましを受けながら、やっと絵筆をにぎるようになってきました。

▲ 大津波による被害

絵にこめられたメッセージ

震災後、最初に描いた絵が、左の人々の顔の絵でした。「町内会で同じ班であった方々への思いがこめられている」絵だそうです。そして、「天国にいってしまったみんなが楽しくおしゃべりをしているように描いた」そうです。

◀ 飛鳥さんが描いた絵①

右の一本松の絵は、「東日本大震災の年、6月ごろには描き上げていた」そうです。「はげしい色使いは、津波に対する彼の"怒り"を表している」そうです。この「作品の下地は青色。その上にいくえもの色が重なり合って」います。「実際に彼が一本松を間近に見たのは1年後のこと」だったそうです。

飛鳥さんが描いた絵② ▶

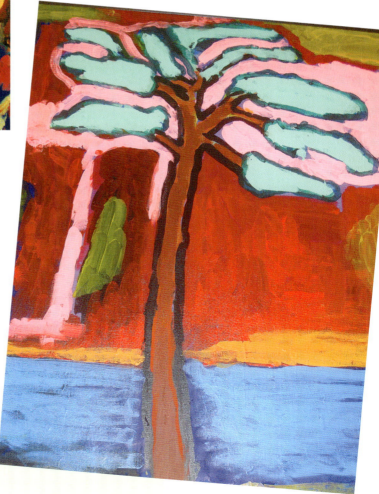

飛鳥さんは、その後、たくさんの「祈り」の絵を描き始めました。まさしく、「鎮魂の絵」シリーズです。

　左のハトとふくろうの絵は、「家族や市民を守ってくれた消防団」への祈りが描かれています。「白いハト」は「市民・家族」を描き、「ふくろう」は「消防団」を描いたそうです。「黒い部分は津波」を表現しています。「下地に金色」が使われていますが、まれな使い方だそうです。

◀ 飛鳥さんが描いた絵③

　右の絵のように、避難してきた人のほとんどがなくなった陸前高田市体育館の絵も描きました。「赤く強れつな色を放つ彼岸花をなくなった方へささげるために描かれた作品」です。「手を合わせたくなる気持ちを表現した」そうです。「文字の位置には、ちぎって厚紙をはり付け、ガレキをイメージした」そうです。

飛鳥さんが描いた絵④ ▲

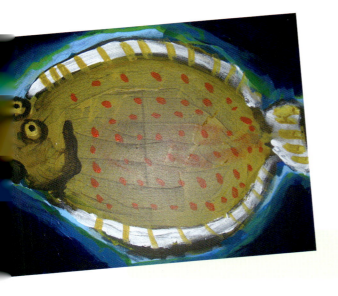

被災後もなくなられた人の心のさけび（SOS）を聴き、心と心をつなぐためにたくさんの絵を描いてきましたが、飛鳥さんが本当に好きな絵は、海の底でひっそりおだやかにくらす「ひらめ」なのだそうです。飛鳥さんの作成のようすとあわせて見ていただきましょう。

◀ 飛鳥さんが描いた絵⑤

◀ 飛鳥さんが描いた絵⑥

▲ 絵を描く飛鳥さん

3. 被災した障がいのある人たちの今は？

陸前高田は復興の真っ最中

　被災した障がいのある人たちは、被災した時どうしていたのでしょうか。その後どうしたのでしょうか。今どんな生活をし、どんなことにこまっているのか、どんなSOSを出しているのかを、いっしょに考えてみましょう。

　今、陸前高田の街は、復興・再生の真っ最中です。市内は、工事だらけ。市内にあるのは、街ではなく、工事現場ばかりです。街には、ダンプが走り、土を運び、土をもり上げ、高台づくりをしています。

▲ 陸前高田の工事現場 ▶

　市内にいるのは、工事現場で働く人たちばかりです。一般の人はだれもいません。山にもダンプがいっぱいです。山が切りくずされ、丘陵地帯がつくられ、住宅地がつくられようとしています。街づくりは、まだまだ続きます。

障がいのある人は、何にこまっている？

▼ 被災した校舎

被災した住宅地 ▶

日中は仕事（学校、活動）ばかり……

被災した体育館 ▶

遊びに行くところがない、
友だちと集えるところがない、
そこまでの足もない。

◀ 津波で流された線路

被災した部屋 ▶

家に帰ると一人ぼっち…
相手になってくれるボランティアもいない…

工事現場 ▲

被災地の障がいのある人は、今、どんなくらしをしているのでしょうか。被災地でくらす障がいのある人は、今、どんな不便な毎日を送っているのでしょうか。どんなことでなやんでいるのでしょうか。

◀ 金野真紀さん

耳の聞こえにくい人は、今どうしているのでしょうか？

▼ 熊谷賢一さん

▲ 熊谷正弘さん

学びにくい人は、今どうしているのでしょうか？

目の見えにくい人は、今どうしているのでしょうか？

　耳の聞こえにくい人から順に、今、どうしているのか、どんな不便な毎日を送っているのか、どんなことでなやんでいるのか、などをいっしょに考えてみましょう。

体を動かしにくい人は、今どうしているのでしょうか？

▲ 熊谷勝夫さん

理解されにくい人は、今どうしているのでしょうか？

井筒雄一郎さん ▶　　　▲ 菅野満さん

被災者の住宅

　家を流された人たちは避難所に移りましたが、今は仮設住宅でくらしています。家を建て、仮設住宅から出た人たちもいます。仮設のグループホーム（少人数のホーム）でくらしている人たちもいます。

プレハブの仮設住宅

木造の仮設住宅

東部の高台にある仮設グループホーム

被災者の職場

　働く場が流された人たちは、仮設の作業所で働いていました。

◀ 仮設の作業所で働く人たち

13

4. 障がいのある人たちからのSOS

(1) 聞こえにくい人のSOS

金野 真紀さん（53さい）

▲ 金野真紀さんは、耳が聞こえにくい

金野真紀さんは、クリーニング関係の仕事をしています。

陸前高田市の福祉政策を検討する「共に生きるワーキンググループ」にも参加しています。どうしたら、障がいのあるなしにかかわらず、共に生きていくことができるのかを、メンバーといっしょに、どうしたら市の福祉政策にいかしてもらえるのかを考えています。

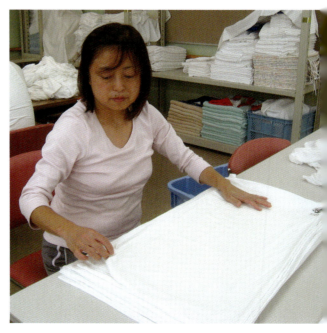

▲ クリーニングの仕事をする金野さん

◆ 東日本大震災の時

　東日本大震災の時はたいへんでした。私の家族で、私の子ども、娘と息子の2人は、春休みだったかな？クラブ活動から帰ってきて、家で昼食をすませ、その直後に地震にあいました。

▼ 地震時のようす

　地震は、長くて、強いゆれで、こわかったです。家の中は、ぐじゃぐじゃで、たいへんでした。電気も、水道も、なにもかも使えなくなり、私は、何もわからず、家族ともコミュニケーションがとれなくて、ただただボーとしてるだけでした。外は、人と車でいっぱいで、何がなんだかわかりませんでした。

◆ コミュニケーションがとれない…

　避難所に行っても、どこに行っても、手話のできる人がいなかったため、この時ほど、手話ができる人がほしいと思ったことはありませんでした。手話ができないなら、筆談でもいい。聞こえない人の気持ちになって、教えてほしいと思いました。

▼ コミュニケーションがとれなくてこまった

　地震が起きてから、なぜコミュニケーションがとれる人がいないのだろう？ と思いました。コミュニケーションがとれる人たちに出会うまで、長い時がかかったように思います。

◆ 消えた「文字」

街にあふれていた「文字」がなくなりました。「文字」がたくさん書かれてあったポスターも、看板も、案内板も、電光掲示板もなくなりました。「文字」が消えたのです。

▼ 津波到達地点の石碑

◆ 東北のハワイ

◀ 白砂青松の名勝、高田松原

私たちの「街」は、東日本大震災前までは、「東北のハワイ」と言われていました。その位、温暖で、きれいな美しい街でした。でも、今、美しい街は、工事現場になってしまいました。街がもどるまで、まだだいぶかかりそうです。

陸前高田の工事現場

◆ コミュニケーション方法

この街に今ほしいものは？と聞かれたら、私は、「文字」と答えます。「文字」を返してほしいのです。昔どこにでもあった電子文字盤は、どこにもありません。「文字」をもとにもどしてほしいのです。

家では、ファックス、ケータイメール、パソコンメールなどを使っています。いつもは便利ですが、震災の被害にあうと、電気がとまり、ファックスやパソコンは使えません。ケータイメールも使いにくくなります。

▲ 津波避難の標識

そんな時に役に立つのが、「文字」なのです。言葉や文字としての「手話」があると、とても助かります。紙や手の平に「文字」を書いてくれるだけでも助かります。

▼ 紙に「文字」を書いてもらう

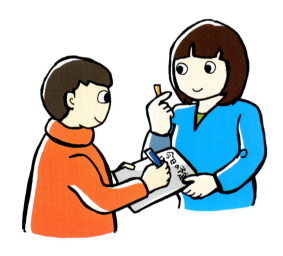

ふだんの生活の中で、こまること、それは、知らない人が突然話しかけてきた時です。何を言っているかがわからないからです。私から紙に書いて聞くこともありますが、ことわられることもあります。

▲ 突然話しかけられ、こまることも

◆「手話」というSOS

▲ 音が聞こえにくい

耳の聞こえる家族といっしょにいても、私の前でCDを聴くなど、私への配慮が感じられないことがあります。そんな時は、さみしい気持ちになります。悲しい気持ちになります。イヤになってしまうことがあります。いつも私のことを考えてほしいと思います。

みなさん、このような気持ち、わかりますか？

　この本を読んでくれているみなさんにお願いしたいのは、「手話」をおぼえてほしい、ということです。「手話」を使って私たちと話をしてください。「筆談」でも、「身ぶり」でも、私たちに伝わるならうれしいです。「手話」は、コミュニケーションをたいせつにする、目で見る言葉です。私たちは、「手話」で、いつもSOSのサインを出しているのです。

津波に流された陸前高田の街

(2) 学びにくい人のSOS

熊谷 正弘さん（34さい）

▲ 仕事着の熊谷正弘さん

熊谷正弘さんは、ワカメの袋づめをするところで働いています。

▲ 仕事場で働く熊谷さん

▼「障がい者計画・障がい福祉計画策定委員会」のようす

◆ 陸前高田の障がい者福祉

陸前高田市の福祉政策を検討する「障がい者計画・障がい福祉計画策定委員会」にも委員として参加しています。どうしたら、陸前高田市の障がい者福祉をよくしていくことができるのかを、委員会のメンバーといっしょに考えています。

◆ 東日本大震災の時

　ボクも、東日本大震災の時はたいへんでした。大津波のことはその時にはわかりませんでしたが、仲間が家に帰ることができなくなったり、ボクが働いているところにおおぜいの人たちが避難しにやってきて、ようやくわかりました。みんなパニックになっていました。ボクの家は、無事でした。でも、街がなくなり、遊びに行くところがなくなってしまいました。

◆ 東日本大震災の後

　震災後、ボランティアがおおぜいやってきました。車に乗せてもらったり、休みの時にどこかに連れて行ってもらったり、話し相手になってくれました。楽しい思い出がたくさんできました。でも、東日本大震災から何年もの時が過ぎ、来てくれていたボランティアが来てくれなくなりました。

▼ 楽しいドライブの思い出

◆ こまっていること

　今一番こまっていることは、ボランティアといっしょに出かけられなくなったことです。街がなくなっただけでなく、バスや電車がなくなり、出かけられなくなりました。大好きなカフェにも行けなくなりました。友だちにも会えなくなりました。BRT（バス高速輸送システム）がありますが、本数が少なく、ボクの行きたいところへのバスも通っていないからです。

▲ 街のなかを走るBRT

▼ 足が痛む

ボクのSOS（こまっていること）は、ほかにもあります。足が不自由なことです。右足が痛風で痛く、左足にはボルトがはいっていて、時々痛くなったり、ムリがきかなくなることです。仕事ばかりしていて、楽しみが少なくなっていることです。家のてつだいや仕事をしていても、「もっとガンバッテ」と言われることです。こんなにガンバッテいるのに、気分が悪くなってしまいます。キズついてしまいます。

◆ 将来の夢

ボクの夢は、策定委員会の中に「当事者の会」をつくることです。わかりやすい文章をつくって、みんながわかるようにしていくことです。今の委員会は、むずかしくて、ボクにはSOSだらけです。今は、話し合いに参加するのがむずかしいので、自分の思いを作文にして出しています。策定委員会の「当事者の会」では、ボクがリーダーになって、わかりやすく委員会をすすめられるようにしていきたいと思います。

地域にも、職場にも、仲間同士で集まり、話し合えるグループをつくりたいと思います。グループでいろいろなことを話し合い、社会やまわりの人たちに、ボクたちが思っていることを伝えていきたいと思います。また、この仲間たちと、カフェがつくれたらいいなと思っています。カフェでは、ボクの仲間がつくったお菓子を売りたいと思います。

▲ 正弘さんの仕事先で販売しているお菓子。将来、カフェで売りたい

(3) 見えにくい人のSOS

熊谷 賢一さん（49さい）

▲ 目が見えにくい、熊谷賢一さん

熊谷賢一さんは、岩手県視覚障害者福祉協会大船渡支部の支部長を長年しています。

陸前高田市の福祉政策を検討する「障がい者計画・障がい福祉計画策定委員会」にも委員として参加をし、陸前高田市の障がい者福祉をよくするために、大活躍しています。

◆ 東日本大震災の時

SOSという問いに対して、賢一さんはすぐに、「やばいな」「逃げなきゃ」と答えてくださいました。それもそのはず、賢一さんの治療院と自宅は、大津波で流されてしまったからです。今でも、地震が起きる直前に「ゴー」と地鳴りが聞こえると、その時の恐怖がよみがえってくるそうです。きのうのことのように。幸い近所の人の手助けで母に会え、逃げることができ、命だけは助かったそうです。今は、津波の心配がない高台の家でくらしています。

▲ 委員会に参加する熊谷さん

◆ **東日本大震災の後**

　今、陸前高田の街は、障がいのある人にはとても不便な、一人では歩くことも、出かけることもできない街になっています。音の出る信号機は1カ所だけで、(点字)標識もなく、聞こえるのは、工事現場の音だけだからです。いたるところで工事をしていますので、こわくて一人で出歩くことができません。交通機関のルートが大幅に変更され、だれかに車を運転してもらい、だれかに必ず付きそってもらわなければなりません。いつも賢一さんの手・足になっているのが、妻の愛子さんです。

賢一さんは、言います

　都会の人は、福祉機器を使ってどこにでも(海外にも)でかけますが、被災地では、使えないことが多いのです。でも、家で仕事をすることや、余暇を楽しむこと、人と通信をすることは、福祉機器を使って同じようにすることができます。そのためには、福祉機器が簡単に手に入れられるようにすることが必要です。使いやすいように、一人ひとりにあったものを用意してあげることが必要です。

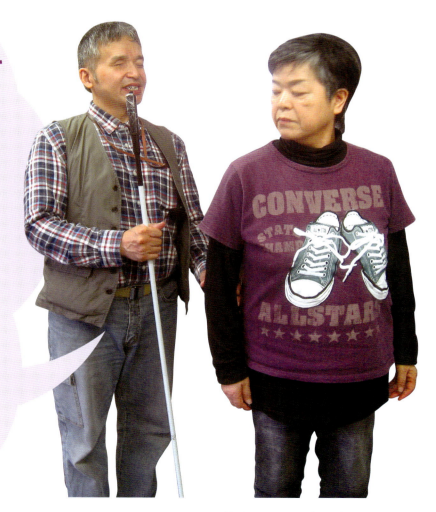

▲ 熊谷賢一さんと妻の愛子さん

◆ **福祉機器**

どんな福祉機器を賢一さんが使っているかを、ちょっと見てみましょう。

▼ 点字用プリンター

ワード文書なら、パソコンを用いて点字用プリンターから点字で打たれたものを取り出すことができます。

拡大読書機（かくだいどくしょき）という特別な機械を使うと、本などの文字を大きくしてくれます。

▲ 拡大読書機

ルーペを使って読書

ルーペを使って本を読む人もいます。

▼ ポータブルレコーダー

賢一さんがいつももち歩いているものがあります。白杖（はくじょう）（白い杖（つえ））、ケータイ、ポータブルレコーダー（録音再生機）、メガネとつば付き帽子（ぼうし）（目を守るために不可欠）、身体障害者手帳です。

賢一さんは、会議に参加して積極的に発言しています。でも、こまることも多いのです。だれが言っているのか、どんな表情をしながら話しているのかが、わかりません。そのため、発言のタイミングがずれがちです。点字の資料がないことが多いため、資料のどこを説明しているのかが、わかりません。表や図の説明を聞いても、むずかしくて、よくわかりません。黒板（白板）に書かれているものを理解するのも、むずかしいのです。だれかがそばにいて説明してくれても、理解するのがむずかしいことが多いのです。

妻の愛子さんが、言います

見えにくい人のことを理解してもらうためには、小さい時から目の見えない・見えにくい人と接する機会を多くすることです。接する機会を多くして、目の見えない・見えにくい人の行動特徴（こうどうとくちょう）を知ってもらうことだと思います。

熊谷賢一さんの妻の愛子さん ▲

(4) 体を動かしにくい人のSOS

熊谷 勝夫さん(64さい)

▲ 体を動かしにくい熊谷勝夫さん

熊谷勝夫さんは、大工さんをしていました。

　勝夫さんは43さいの時に、屋根から落ちて、下半身が動かなくなってしまいました。そのため、勝夫さんの口から出てきたSOSは「助けて！」でした。7カ月間の病院生活。病院でのリハビリテーション。5年間の自宅での生活。生きがいを見つけることがむずかしい日々が続きました。まさに、SOSの連続でした。

◆ 今の仕事

　今は、福祉事業所に通い、手袋をつくる仕事をしています。勝夫さんの仕事場をたずねてみました。

▲ 手袋をつくる仕事をする熊谷さん　　　　　工場のようす ▲

▼ 建設が予定されているコミュニティホール

◆ 陸前高田の福祉政策

　勝夫さんは、陸前高田市の福祉政策を検討する「障がい者計画・障がい福祉計画策定委員会」に委員として参加をしています。陸前高田市の障がい者福祉をよくするために、大活躍しています。

　勝夫さんは、津波被害にあった陸前高田が、いつか必ず、街も建物も、どこに行ってもバリアフリーになっていることを願っています。車イス（体の不自由な人）でも利用できる住宅をつくってほしい。バリアフリーの台所、風呂、ベッド、リビングルームがほしい。自由に使いこなせる電化製品がほしい。行政は、そのための動きをつくり出してほしい。こうした要求をかなえることができるように、勝夫さんは委員会で発言し続けています。

◆ 陸前高田市民の願い

　東日本大震災で、多くの人がなくなりました。会社や工場も流されました。流された会社や工場はきれいに片づけられました。でも、もうもどってきてはくれません。そのため、働くところが少なくなりました。街が再生するまで待たないと働くところは増えないでしょう。働けるようになるまでまだ何年もかかるでしょう。待てない、助けて！仕事も、収入も、先が見えなくて、みんなこまっています。これが、私たちのSOSです。

▼ 陸前高田市民憲章

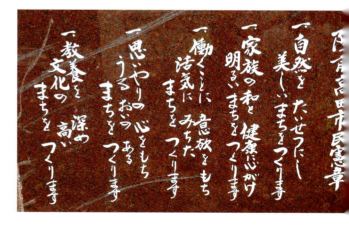

　仕事がほしい。働いて給料をもらいたい。ゆっくり余暇を楽しみたい。楽しく遊べる場所がほしい。愛する人といっしょにくらせる家庭がほしい。そしてなにより、もとの美しい街陸前高田がほしい。だれもが集える街になってほしい。新しくつくられる街のすべての建物に、エレベーター、スロープ、手すりがついてほしい。これは、障がいがあるなしにかかわらず、すべての陸前高田市民の願いです。

(5) 理解されにくい人のSOS

菅野 満さん（38さい）

▲ 心の病気をもつ菅野満さん

菅野満さんは、家庭にいろいろな問題をかかえ、心の病気になってしまいました。

　入院してしまったため、会社をやめざるをえませんでした。SOSの連続でした。今もそんなに大きくは、変わっていません。今は、福祉事業所で、クリーニングのプレスの仕事をしています。もう7〜8年になります。年金と工賃で、何とかくらしていくことができます。

◆ 東日本大震災の影響

　市営住宅に住んでいますが、東日本大震災の時は、住んでいる部屋のすぐ下まで津波がきました。でも、何とか助かりました。

　土曜・日曜は買い物に行きます。以前は陸前高田市内で買い物をしていましたが、今は大船渡までBRT（バス高速輸送システム）で買い物に行かなければなりません。とても不便になりました。

▼ クリーニングのプレスをする菅野さん

　時々、陸前高田市の福祉政策を検討する「共に生きるワーキンググループ」にも参加しています。どうしたら、障がいのあるなしにかかわらず、共に生きていくことができるのかを、メンバーといっしょに、どうしたら市の福祉政策にいかしてもらえるのかを考えています。心の病気は目に見えません。目に見えない病気のある人を理解するためにはどうしたらよいのかを考え続けていってほしいと思います。

▲「共に生きるワーキンググループ」に参加

井筒 雄一郎さん（39さい）

井筒雄一郎さんは、なぜ生きているのか、なぜ仲間がつくれないのか、となやみ続けている人です。

◀ 生きることになやみ続ける井筒雄一郎さん

震災FMに出演する井筒さん ▼

◆ 東日本大震災の影響

SOSとは何ですか？ という問いに「あの時のことを思い出します」と答えてくれました。雄一郎さんは、大津波で家が流され、家にいたご両親をなくしてしまったからでした。彼の住んでいた家があったところに連れて行ってもらいました。彼の住んでいた家は、街の中心に近いところにありました。陸前高田では、高台の街をつくろうとしています。雄一郎さんの住んでいた家の敷地は、やがて、高台の下にうもれてしまうことがわかりました。

◆ 災害FM

雄一郎さんは、街の有名人です。災害FMに出演し、豊富な知識をもとに、多くの人に語りかけているからです。彼は、本を読むのが好きで、哲学書・心理学書から小説まで何でもよみこなしていきます。彼の語りの内容は、日ごろの読書の積み重ねの中から生み出されているのです。災害FMのスタジオを見学させていただきました。

◆ 陸前高田の福祉政策

雄一郎さんも、陸前高田市の福祉政策を検討する「障がい者計画・障がい福祉計画策定委員会」に委員として参加をしています。陸前高田市の障がい者福祉をよくするために、さまざまな提起をし、大活躍しています。

5. 障がいのある人の SOSを減らすために

被災した人たちの不安やなやみ

　被災地でくらす障がいのある人のSOSを減らし、こまらないようにするためには、どうしたらよいでしょう。いっしょに考えてみましょう。

被災した人たちは、
- ◆「家にいることが多くなった」
- ◆「遊びに行くところがなくなった」
- ◆「さびしさやコドクを感じるようになった」

と言っています。被災地でくらす障がいのある人の「さびしさ」「コドク」をなくし、SOSを減らすためにはどうしたらよいと思いますか?

被災した体育館 ▼

　被災した人たちは、多くの不安やなやみを今もかかえています。生活の場が定まらず、十分な仕事もないからです。遊びに行くところもなく、遠いところに遊びに行くにも、バスや電車があまりありません。

被災した農協 ▶

それぞれの人のSOS

金野 真紀さん

（53さい）

金野真紀さんは、「文字」がほしいと言っていました。真紀さんのSOSを減らすためには、街を早く復興・再生させ、「文字」が見られるようにすることです。復興・再生の街づくりデザインを描いている人たちの頭の中に「文字」がないとしたら、急いで「文字」復興・再生の街づくりデザインを描いていく必要があります。

熊谷 正弘さん

（34さい）

熊谷正弘さんは、「友だち」がほしいと言っていました。遊びに行くところがなくなり、たくさん来てくれていたボランティアが来てくれなくなって、「さびしい」と言っていました。正弘さんのSOSを減らせるように、話し相手になり、寄りそってくれる人がまた来てくれることを願っています。

小泉 友さん

（24さい）

小泉友さんともお会いしました。友さんは、学びにくい障がいがあり、グループホームでくらしていました。仲間とケンカをして落ちこんでしまうことがありますが、翌日は、元気に会社に行くようにしています。土曜・日曜には家に帰り、おばあちゃんのグチ（SOS）を聴くようにしています。

熊谷 賢一さん

（49さい）

熊谷賢一さんは、都会の目の見えにくい人と被災地の目の見えにくい人とでは、置かれている状況がまったくちがうと強調していました。被災地はSOS（バリア）ばかりだからです。被災地では、点字ブロックのないデコボコな道路しかなく、信号の音も聞こえません。つらい日々を送っている人たちに元気をとどけてほしいと言っていました。

熊谷 勝夫さん

（64さい）

熊谷勝夫さんは、街の中を早く車イスで移動できるようにしてほしい。建物にも、お店にも、車イスで簡単にはいれるようにしてほしい。住宅の中の、台所も、トイレも、風呂場も、自分の部屋も、共用の部屋も、車イスで自由に使えるようにしてほしい、と言っていました。勝夫さんや仲間の切実な願いです。

菅野 満さん

（38さい）

菅野満さんは、目に見えにくい障がいがあるとますます理解されにくくなるのではないか、そのため、理解されにくい障がいのある人のSOSは、なかなかわかってもらえない、と語っていました。でも、上手にSOSを減らし、心の病気にかからないようにしてください、と言っていました。

井筒 雄一郎さん

（39さい）

井筒雄一郎さんは、災害FMの名アンカーです。上手な語りで、聴き手をまきこんでいきます。川柳も囲碁も相当の腕をもっています。哲学から小説まで幅広い知識をもっています。両親も家も津波でなくし、一人で仮設住宅に住んでいる雄一郎さんは、「しかし」と、続けます。「友だちがいないのです」。彼の「心のSOS」が聞こえてきます。

◆ SOSを減らすために

▲ 被災した住宅

　被災地でくらす障がいのある人のSOSを減らすためには、まず被災をまぬがれた人たちと出会い、おたがいの価値観やその人らしさが尊重され、快適で、心地よさを感じることができるようにならなければなりません。そして、被災された人々の「生活基盤の整備」がしっかりなされ、その人らしく創造的な生活を送ることができるようになることが必要です。

　もとの住まいにもどれたとしても、ほかにもとの住まいにもどって来る人がだれもおらず、物品を購入できるお店からも遠くはなれてしまっていては、コドクで、いつも一人ぼっちでいることになります。そこで求められるのが、資源をうまく利用できるようになるということです。

　さらに、「個別の支援」を得て、その人に合わせ、わかりやすい方法で情報が伝えられたり、支援の手が差しのべられる必要があります。そうすれば、自分の判断でさまざまなものを利用しながら生活範囲や活動の機会を広げていくことができます。

◆ 今後、求められること

　次に求められるのが、生活の主体者で被災者自身が、自分の生活や人生を自分でコーディネートするための意思をもいうことです。

　社会や周りの人たちの被災者に対するも変わっていかなければなりません。被自身の意思、それにもとづく被災者自決定権を十分配慮しながら対処していくが必要になります。津波で家や家族を失放射能汚染で町や村ごと文化のことを他地域に移住しなければならなくな人たちに対しては特に配慮されなけれなりません。

　被災地でくらす障がいのある人自身自分の生活や、過去のあるいは将来の人についてどう感じ、考え、どの位満足しいるかといったことが、今後、もっともっ検討される必要があるのではないでしょう

▲ 震災後の仮設住宅

6. おわりに

震災が文化や人間関係もこわした

◆ 伝統文化

　東日本大震災で被害を受けた地域は東北の沿岸部（片田舎）にあり、伝統的な風習と郷土文化をもつ、固いきずなでむすばれた人間関係と独自の地域文化をつくり上げてきたところでした。

　例えば、このような地域では、おたがいのことをおたがいに知り合っていました。ある地域では、三世代にわたる家族がいっしょに食卓を囲む習慣をもっていました。

　被災地は、都会にくらす人たちをうらやましいと感じる一方で、想像しがたい伝統文化を維持しているところだったのです。ところが、東日本大震災により、土地の人たちが心のよりどころにしていた郷土文化や人間関係が（一時的かもしれませんが）破壊されてしまいました。寸断・分断されてしまいました。ふるさとにもどれなくなってしまいました。震災や津波の被害にあったすべての人たちがSOSを出し、今もSOSを出し続けているのです。

▲ 三世代の家族がいっしょに食卓を囲む

◆ **心のすきま**

　2012年3月、被災地で、ある老婦人に出会いました。彼女は70さいを過ぎており、夫と子どもを津波でなくしていました。生き残った息子夫婦と子どもと仮設住宅でくらしていました。明るくふるまう彼女も、なくした夫と子どものことを考え、毎日ふさぎこんでいると言っていました。

　心の支えは、孫の存在でした。孫の保育園への送りむかえでした。しかし、何年たっても、「心のすきま」をうめられないでいました。彼女と別れる際、「早く心のすきまをうめられるようにしてください」と声をかけた私に、彼女は「私の心のすきまをうめて！」と言いながら私の胸に飛びこんできました。彼女の身内を失った喪失感、心の痛み、悲しみは、SOSそのものでした。

　その時、形ばかりの復興・再生ではない、一人ひとりの「心のすきま」をうめられるような「希望がもてる」生活をとりもどしていく取り組みでなければ意味がないことに気づかされました。

▲ 孫と過ごす祖母

私たちができることは何か？

　被災地でくらす障がいのある人のSOSを減らし、もとの生活に近い新しい生活をつくり上げ、その質を向上させていくために私たちがやれることは何なのでしょうか。

▼ 障がいのある人が、安心してくらせる社会をつくろう

私たちにやれることは、
- ◆ 被災者（被災地）をわすれないということ
- ◆ 常に思い続けること
- ◆ 被災地でくらす障がいのある人に寄りそうこと
- ◆ 被災者（被災地）の思いや願いを受け止め
被災者（被災地）の思いや願いとすり合わせ
被災者（被災地）が求めるものを見つけ出していくこと

ではないでしょうか。

▼ 計画策定委員会で、福祉計画づくりについて話し合う委員のみなさん

横浜から被災地におくられた千羽鶴 ▼

◆ 被災地のことをわすれないで！

　被災地のことをわすれないように、絶えず情報を交換し、交流し続けられるようにしましょう。私たちが、よき相談相手、よき友人となり、共に生きていけるように、かかわり方を考え、関係をもち続けるようにしましょう。何もなくなってしまった今だからこそ、福祉の街づくりを推進するよい機会です。福祉の街づくりをとおして、さまざまな人がいつでも気軽に出会い、交流できるようにすることです。そうすれば、社会の仕組みを変えることができるきっかけになるかもしれません。

　地域生活、社会参加、自己実現等を困難にしている人間観、行政施策、サービスのあり方を転換するよい機会でもあります。福祉という分野をこえ、社会のあり方全体を見直すきっかけになるかもしれません。

　私たちは、一日も早く、被災地でくらす障がいのある人たちが、あたり前のことをあたり前にできる社会の一員として再生できることを願っています。そして、共に安心して楽しくくらせる社会になることを願っています。

新しく生まれ変わる被災地 ▲

著者紹介

◆ 河東田 博（かとうだ・ひろし）

東京学芸大学特殊教育学科卒業。ストックホルム教育大学（現ストックホルム大学）大学院教育学研究科博士課程修了(Ph.D)。四国学院大学、徳島大学、立教大学教授を経て、現在、浦和大学社会学部客員教授。専門はノーマライゼーション論・障害者福祉論。主な研究領域は、スウェーデンの障害者政策・脱施設化と地域生活支援・当事者参画。
主な著書に、『スウェーデンの知的しょうがい者とノーマライゼーション』（単著、現代書館、1992年）『ノーマライゼーション原理とは何か－人権と共生の原理の探求』（単著、現代書館、2009年）『ピープル・ファースト：当事者活動のてびき』（単訳、現代書館、2010年）『脱施設化と地域生活支援：スウェーデンと日本』（単著、現代書館、2013年）『自立と福祉－制度・臨床への学際的アプローチ』（編著、現代書館、2013年）『多元的共生社会の構想』（編著、現代書館、2014年）『入所施設だからこそ起きてしまった相模原障害者殺傷事件』（単著、現代書館　2018年）等がある。

協力者紹介

- ◆ 執筆協力　　社会福祉法人　万葉の里　職員有志／元職員有志
（亀山 悠津子、小堺 幸恵、佐々木 美知子、田中 陽一郎、津田 和久、野村 朋美、樋代 景子、宮川 知誉子、村山 愛、安井 麻莉、山田 弘夫、渡邉 淳子、和田 朋子）

- ◆ カバー・本文デザイン　　河東田 文
- ◆ イラスト　　　　　　　　小島 知子
- ◆ イラスト彩色　　　　　　高橋 利奈

知っておきたい障がいのある人のSOS　別巻

被災地の人のSOS

定価はカバーに表示してあります。

2015年5月25日　初版1刷発行
2020年9月15日　初版2刷発行

- ◆ 著者　　　河東田 博
- ◆ 発行者　　鈴木 一行
- ◆ 発行所　　株式会社ゆまに書房　〒101-0047　東京都千代田区内神田2-7-6　電話03-5296-0491(代表)
- ◆ 印刷・製本　藤原印刷株式会社　　　　　　　　　　　　　　　乱丁・落丁本はお取替えいたします。

© Hiroshi Katouda　2015 Printed in Japan　　　　　ISBN978-4-8433-4594-8 C8336